Word Search For Kids ages 6-12: Improve Spelling, Vocabulary, and Memory For Kids!

By Andrew Howell

Table Of Contents

Puzzles- 4

Solution- 54

Ending& Sudoku Bonus- 103

Puzzle 1

g	h	s	u	b	s	m	j	u	s
a	l	t	e	r	r	u	c	s	t
t	n	u	o	c	m	o	v	e	c
h	h	s	a	p	a	a	w	d	e
i	e	l	a	s	e	r	e	n	r
s	n	h	t	e	x	t	g	u	r
o	h	u	a	n	a	t	i	t	p
l	n	i	c	l	i	c	k	r	c
e	s	n	p	e	l	o	r	a	c
p	o	k	s	d	n	e	p	s	j

grace
point
click
coast
spend
bush
rose
this
count
sale
brown
text
tune
plate
move
alter
jump
used
hall
ship

Puzzle 2

```
t d f p r y l u r j
e l r f i b t v e l
i k e a r l y r k e
d m k o w a o n a r
c r o s s n n t m p
o l r u e o h k u g
f r b w s v a n f r
i o l l d e i r t a
l y k c u l r u a n
l j u s t y e b n d
```

hair
early
drawn
floor
luck
broke
pilot
frank
mouse
newly
burn
fill
novel
cross
tried
just
diet
maker
party
grand

Puzzle 3

```
a a d w g n n p r h
e p o o l m d d c y
i l t k o e n t k a
b y y i k r a c i r
f l n i e c i v r g
u l n p y t p m e y
v g u o s p y n a m
e s f i e l o v d r
h t p e d l e i y a
e y k r a v i c e h
```

keep
pool
empty
stick
alone
ready
leave
yield
many
fluid
blow
king
gray
door
super
vice
army
catch
depth
funny

Puzzle 4

```
l n u g e b k o a e
e s m a r t e x a s
t r p h t a d y s u
o n n l d k n i c k
l y e s a e m t r o
p n n w d n h h a o
a o a h o g o g f t
w i x o i u n i t y
y s n l s g l m i t
r e f e r s i d i p
```

plan
deny
whole
ease
house
might
refer
grant
light
taken
texas
smart
unity
took
went
plot
craft
would
begun
miss

Puzzle 5

```
l y t r o f w v l u
i o l c o p y n o t
a c t i r v m r c s
m s d r a o b a k p
u r w e g d w c i t
f m h e e p u n o l
y e n l n r a r e e
a r i a t o b u f f
r f e s t u f f a a
b m a t t d n i l b
```

heavy
file
mean
copy
news
board
rare
breed
proud
agent
lock
blind
crown
truck
tony
stuff
matt
daily
forty
mail

Puzzle 6

```
i  g  o  a  l  h  p  w  i  r
o  e  h  h  l  t  h  h  u  i
t  l  o  t  a  s  e  o  r  n
f  s  a  r  c  p  h  m  s  r
t  e  s  o  u  a  e  l  h  n
t  d  e  n  p  r  i  m  e  u
e  i  i  t  e  e  h  s  l  c
e  o  a  t  i  s  r  h  f  a
n  v  f  w  d  u  t  y  l  p
u  a  l  o  n  g  q  s  e  t
```

mere
duty
feet
call
goal
along
quite
whom
else
nurse
prime
wait
host
avoid
union
sheet
after
north
shelf
spare

Puzzle 7

```
p  t  p  u  o  r  g  a  w  r
c  r  o  w  d  e  c  n  o  o
p  t  w  n  i  y  b  b  l  t
o  i  e  l  g  n  a  m  l  r
b  l  r  c  t  m  s  l  a  t
a  p  d  t  h  g  i  r  p  p
l  s  a  o  s  e  c  n  m  o
w  a  t  v  o  i  c  e  u  t
o  a  e  t  i  m  s  k  s  s
b  d  c  p  r  e  a  s  t  r
```

right
minus
mood
must
stop
basic
Angle
strip
once
power
check
east
crowd
group
play
bowl
date
voice
split
allow

Puzzle 8

```
d j t f i t e m f s
s d h d l l d o n e
m e e q u a l h i r
t a i d e k s f h e
l l r r k e s h t o
i t b c t r e e t h
u e a a h n l s u j
n b o m o r k i u n
e l r z l b e r o i
k r h o d l y c r s
```

their
back
tree
less
rise
equal
tries
flash
zone
hold
lake
item
done
jury
ideal
thin
dealt
bread
march
soil

Puzzle 9

```
o d p a i n t i u s
i i s y i h u g e y
e c t e a e h i l r
k k i n d o v e r s
p e k t i s r m p r
b e u a y e e o n t
r h e e n v t s a p
s i r n e e d i a t
g g i e c n i a r b
s k w e b a m r a w
```

kind
city
paint
bases
grey
some
brain
over
past
thank
huge
seven
spot
dick
wire
suit
write
warm
rely
shut

Puzzle 10

```
c f e k a m n t e d
g d u e p b m i x e
e l d l p h o t o e
g i n a l y d u t s
e i t c e v e n t n
v p a k x r l h h x
o h i n n e r e g t
l a c u t e d m i a
p s p o w e u n e a
a e n s b e d a i i
```

read
threw
note
event
full
about
model
inner
apple
index
lack
love
make
acute
photo
study
eight
phase
seed
giant

Puzzle 11

```
d g l e b s r b k a
d r e s s o l d t i
l o c a l p r s n n
e e i u p s e t i e
i d o n c w n a c f
f a e g g o j m k o
i m y x n a o l n b
i c h a i r y l e a
m d d i r m g i w b
e h t a b k n t s y
```

nick
local
doing
loss
knew
west
bring
upset
speak
made
enjoy
bath
cool
baby
chair
mixed
dress
loan
till
field

Puzzle 12

```
c l p l d w i n y n
e d b o a b o d y e
o e w r o t e r n f
b o c c u r e n d e
e e e p i e c e c i
a a l t j o o l t h
n s b l a p a l c c
g i a i n o d e p h
i o c v e l b w h i
s m r e t l n c o i
```

able
poor
bell
body
wrote
word
bench
boat
ocean
sign
jane
occur
live
tired
term
piece
well
chief
poll
nice

Puzzle 13

```
d  j  e  h  l  a  n  e  c  k
n  t  h  e  r  e  i  c  s  r
i  a  t  c  z  d  k  c  i  p
g  u  i  o  c  j  o  c  m  u
h  s  d  d  a  p  h  u  i  p
t  c  u  p  e  o  p  d  g  l
r  a  a  g  s  m  o  o  b  u
e  n  h  e  a  u  m  c  z  g
n  n  e  w  b  r  a  i  l  e
d  p  h  t  a  n  m  h  u  s
```

beach
audit
what
rich
lane
boom
japan
night
plug
chose
dozen
trend
media
sugar
pick
there
neck
rail
scope
doubt

```
l  b  m  d  e  a  n  d  p
f  r  l  i  s  n  h  v  a
g  e  i  l  b  c  a  e  i
m  e  f  g  i  v  e  h  n
k  i  n  h  r  r  y  n  t
t  u  w  e  d  g  d  f  e
h  o  k  a  y  b  a  s  e
e  d  i  r  i  c  l  u  w
c  e  g  t  e  s  i  w  s
```

okay
which
give
hung
bird
base
film
scene
girl
drill
face
gene
sweet
than
lady
dean
heart
pain
ride
wise

Puzzle 15

```
e o e c t e s h r k y
p k r y e r e h g s e
e o q c s l l m s e s
p f u l p i u a a i k
e t i e c i r p e n w
a e c t t g s p m y r
c n k u n h r a r g r
e e e o a w g r e u t
n k r r m e o e t c l
e w p q a s r d o p e
s c r r n p a g e l f
```

rule
arena
route
smoke
name
price
gear
quick
help
sharp
here
sorry
wish
often
felt
peace
cycle
grass
wrong
down

Puzzle 16

```
h n i a h c a r r y
u y y e b i p e d l
r l e g a l e a l t
t o d u a b t a c r
o h a i m a b o v e
u b a d a o t i u h
n g e e o p r i n t
h o r u n u u a o o
o h s o s r o u l n
j o c e u o c r a p
```

data
chain
john
virus
beer
moral
road
paid
legal
holy
carry
ball
court
nose
pace
guide
print
other
above
hurt

```
r u t s a f t o o g
u t h e s e v i l v
h r g u r h f g n f
g o i l a y o r s y
s m f c t f e c o r
e a u t e t m h k m
o r k l n h e c t f
h k r e c g h r n t
t f v u r u t o o r
v e s f o o d p n m
```

fast
they
from
royal
food
rate
shock
enter
sake
ought
fuel
theme
these
fight
crop
tiny
lives
Mark
rice
even

Puzzle 18

```
t n e r n o d n e s
e r v f i r s v t e
n e i m a g i c d l
p d s d g d r h f d
i r i d e o c l f k
l o t o g n o m a a
o c e o u g t e l e
i k f l e e t p s p
e f u b s e r v e c
t f i f t y v n t k
```

rock
blood
fleet
video
kept
lunch
Golf
among
magic
send
radio
guest
serve
order
FALSE
peak
rent
gain
fifty
visit

Puzzle 19

```
m i l l p l e k a t
c a b l e s a h c l
r s r e b i f o t l
s n h i s x s t o a
p w l s a t p e r w
x o i s s y o l n w
t h v e r r r n n l
h s e r f o t l e e
i o a p i p e r o o
l e m v t r i p r p
```

wheel
fiber
sixty
maria
mill
chase
take
evil
stone
vast
shown
fresh
sport
cable
actor
hotel
pipe
wall
press
trip

Puzzle 20

```
a  i  w  e  d  i  l  s  a  n
k  w  o  r  l  d  i  s  t  r
i  f  i  a  a  e  v  e  b  l
c  n  t  w  r  i  i  u  s  y
k  t  l  a  o  a  c  g  a  a
w  s  l  l  b  r  e  t  g  k
d  a  e  e  i  l  s  h  f  o
r  l  s  r  b  h  e  e  o  a
a  t  s  t  o  o  d  l  o  i
r  h  b  b  r  w  e  h  t  l
```

oral
guess
slide
drink
aware
best
salt
world
civil
belt
stay
kick
wore
table
foot
hear
worse
alert
hill
stood

```
e p e h s n n r h r
t o h b r v e r y y
s s h h t l c k u h
e t a l o h c u o t
c o r l n l b s e i
i c y o e r e s t a
a k r r i a a w i f
s o l e t r i h s r
i e f e a n e e b b
o t c r i m e s o r
```

faith
sole
turn
roll
crime
late
post
cream
been
entry
twin
stock
seat
touch
very
site
shirt
hole
tone
brief

Puzzle 22

```
o  l  e  v  i  f  r  n  n  n
p  e  t  h  e  m  u  r  o  t
e  w  s  w  y  s  s  i  p  k
n  i  a  i  r  j  s  w  n  c
t  s  t  a  g  e  h  a  i  o
s  d  c  r  n  h  b  r  l  l
n  i  b  o  a  r  t  d  t  c
d  a  j  n  u  e  d  s  e  l
v  k  n  o  w  l  f  t  n  t
i  l  f  p  r  i  d  e  h  t
```

stage
draw
five
sight
acid
jones
could
lewis
four
urban
angry
them
class
know
fear
noise
taste
open
pride
clock

```
a  g  d  e  t  a  g  a  o  w
g  o  n  f  h  c  h  h  o  m
f  i  h  u  r  t  a  x  e  s
f  n  w  a  o  u  e  l  s  e
g  g  s  o  w  y  r  l  a  g
a  h  h  o  m  e  n  a  e  a
s  s  r  r  e  e  m  m  l  m
e  e  o  b  o  r  n  s  a  i
h  n  a  v  y  o  f  y  i  l
e  l  h  l  l  e  f  h  d  k
```

dial
born
small
rural
milk
lease
taxes
throw
young
roof
crash
image
home
hero
navy
going
gate
fell
shoot
women

Puzzle 24

```
k s a e l r d f e t
d w t f o s u u l f
v k n a r m h n a d
e y h t r o w d e l
t r h v e t w v d l
t h u n t o o d s r
o t u s e r m h p r
l i a r p l a c e r
h w r l n l n i o r
i b a d l y a u n h
```

place
train
hunt
rank
user
prove
woman
peter
shall
with
motor
deal
worth
start
badly
tall
soft
sure
dual
fund

```
a l o g o b k l a o
w l n m k a e k m b
i i l a e m c y e m
l k y r r a h l e b
b o b o l l t l t d
a b d b b i u i n d
n w h i t e r b d d
d r a n l t t n h l
r n a r c o a l t l
s i z e d l s r e l
```

white
robin
band
solid
black
harry
award
coal
only
sized
land
earn
logo
truth
title
meet
kill
billy
meal
break

Puzzle 26

```
n i m d d t e c r r
s o o n h f m a u t
n l u i i t l s b s
l o n f n r i l a h
w k t k r n u m e h
g h s g p e e s s c
h o r u n a p t l h
g h t r o f r a s i
n e e d n e e k p g
h o g m o r e e k h
```

keen
real
wound
mount
blue
drug
need
paper
high
think
fifth
smith
more
input
same
cell
find
stake
soon
forth

```
o g n i h t u o s o
v l a r g u e e s d
h o e c n f t e t h
i s l e w p n o y m
t n c o r a d s l k
s v r o m a n e e l
e s o u y w e e e a
t f h t x i s m f i
l n w h e n n t t d
l a l a c e f h t n
```

south
roman
vote
human
rest
when
seek
toll
feel
worst
laid
proof
seem
sixth
today
thing
clean
argue
style
wine

```
s  b  p  r  r  m  a  s  e  s
a  p  w  l  t  l  u  e  z  d
s  t  g  g  e  a  d  p  i  u
d  e  s  r  a  p  i  d  s  s
i  i  o  o  e  m  o  u  t  t
a  c  o  w  u  w  a  t  e  r
s  h  i  n  a  l  h  r  s  u
p  e  a  p  b  y  r  o  d  g
e  a  w  u  o  y  s  h  s  s
l  p  m  a  d  t  s  i  x  e
```

exist
dust
topic
album
ways
whose
water
drama
cheap
usual
terry
palm
size
rapid
audio
grown
grew
soul
score
said

```
l g d w i s h l v c
m i o h a i k i o u
t s e d i s t i a t
d l o s u i t e n d
t t n s h e v e i c
t h f g m o k t h o
u t s i r i t i c d
i a e d l o l m l e
m p f a g d s e n s
h j i m m y d s i n
```

shot
code
jimmy
times
team
lift
gross
child
smile
side
path
like
drove
suite
sold
skin
alike
china
tend
waste

Puzzle 30

```
u p b l a m e e n k
m u a c i g o l s w
f s s l n n r u t a
t h i i h l e e t s
c t y n o t s s v h
f d l o c r a u a m
u t s s f e l c r s
l e i n l d o o y l
o d t x e n f f g s
d f g s s u h o r f
```

last
logic
mouth
blame
least
focus
under
steel
wash
disc
next
dying
since
loose
self
knee
laser
form
push
vary

```
k s r v c u h w r d
h a r d b i o h a e
k l a t l u s i c k
w w h r u o y l m s
n d n a s r g e t d
t h r s h o g t r c
s s b a o c l e a o
h a t e w u a v t p
r c t a a m s e e e
o h h f r r s a r o
```

reach
glass
bear
sick
your
gold
solve
dream
hard
buyer
show
hate
dawn
fault
while
talk
cash
sand
star
cope

Puzzle 32

```
p o h o f f e r t e
a a w e r g a o a a
c l e a r y a r d c
k l e a t y r r o w
r y l v s c t e r s
a h o e e l h v a h
p f r r m l e e a o
a a u h s i f k s r
t w t f i a t h a t
f t h e g f h h h a
```

that
yard
clear
watch
large
offer
theft
year
chest
worry
level
short
pack
fish
fail
park
time
role
error
ruth

```
f b l e l e g l d l
d a r k v r i d e a
e r t a e v r u c b
w k s e v i r d d e
i p n t h i c k i l
e i k t i i r e k o
f n r r s l u n h w
a k a u u f l u g f
i i m l w a k e n i
n f e y i e a i s h
```

curve
third
green
drive
fine
pink
thick
below
gulf
fate
sell
label
save
idea
still
wake
dark
truly
rain
music

Puzzle 34

```
h p e e d e l a y t
a m f t s o o b s p
p l a i n h c c h e
b e a m r a a p c s
c r f i t s e r a u
p e o l e w t j e c
o l r a d m i t t h
f i u l d e n n p e
a m m s g a s a g r
a t y a a e o k t l
```

boost
raise
first
desk
jean
share
wing
plus
mile
plain
case
such
limit
broad
sept
admit
teach
forum
delay
deep

Puzzle 35

```
e e e a u e e o s s
p f u v j f s l y i
i i s c a u o a b o
c l e f t w d o o w
n a i v i e w g n l
a n m s i s a b e o
w i o p e t t n v e
a f p p a r a o e f
l l e a u p d l r a
w s s e c a r w a y
```

never
left
upon
camp
judge
story
TRUE
race
bone
final
dose
wood
panel
life
slow
view
basis
wave
days
vital

Puzzle 36

```
c o m f a h e s e m
i o y h o r o m s a
e m a y o r e s a e
e e r c t u d v f g
m a r u h l r l e i
l n a g s l i n k e
d t u o o h i s c t
i o e s y n l m r e
r a e l a e e o r g
m l e s l i p s f s
```

ford
mayor
CORE
meant
does
coach
lose
rough
array
tell
hour
game
sort
ever
nine
rush
slip
safe
link
port

Puzzle 37

```
o o a t x w k e s h
t m e d h b k o o c
n m r t n a e l q z
i o r e m a n a u d
l o e c i w t g i b
r s g l t s f s e g
b t n o e x a c t o
e t a s k p r i z e
t s h e l l d n e s
b a c b m o b k o l
```

twice
close
seen
task
draft
exact
anger
kent
goes
meat
bomb
hang
bulk
cook
into
shell
lord
quiet
stand
prize

Puzzle 38

```
l  o  s  t  e  m  u  w  t  r
e  t  o  a  i  e  o  w  w  d
d  i  e  t  d  n  r  o  a  t
e  a  k  a  s  u  r  e  e  i
a  p  n  o  r  k  a  e  w  l
t  c  a  c  n  d  n  r  r  w
h  t  t  h  e  i  t  i  f  c
h  s  s  b  s  e  g  v  l  h
d  e  u  s  t  o  r  e  z  i
e  t  r  o  f  k  w  r  b  p
```

weak
menu
death
test
fort
links
coat
chip
river
dance
shape
debut
store
tank
lost
zero
begin
fraud
were
work

Puzzle 39

```
t  t  o  e  t  a  e  g  e  e
h  e  m  d  a  t  e  d  a  r
l  e  s  u  b  a  k  e  r  u
t  t  n  u  p  g  r  x  a  p
a  h  i  r  l  a  a  i  o  u
t  l  r  a  y  i  s  f  s  l
d  a  l  e  t  n  e  s  b  l
a  c  a  m  e  g  a  p  o  c
l  o  o  t  l  m  a  a  n  r
g  r  o  m  l  a  a  c  d  n
```

pass
abuse
henry
came
baker
page
glad
mass
teeth
fixed
again
area
pure
tool
pull
bond
dated
build
three
sent

Puzzle 40

```
u n f y r k o c h e
d n w o n s b t g t
w n j t t b w d b r
o d a o l o e x i t
o o r h i u a u y i
y m l g d n r w h r
k f o u n d t l a r
c a n a u n x s r y
u e g l o b e a t n
l a v i r e w o t d
```

round
long
wear
globe
extra
edge
rival
beat
away
load
laugh
found
hand
tower
lucky
joint
bound
snow
exit
storm

```
i d m p m v a l i d
g o m r w u r h u e
i t s i l c a u s e
f r m o n t h o a p
t i u r f o h g g s
s k r e p t r n e g
o e n w h e r e g w
m i n o r i t l a l
m u e l w i n s w w
l l i b o n s i e l
```

prior
gift
month
most
cause
wage
speed
step
valid
iron
minor
lower
those
list
where
fruit
usage
known
bill
mine

Puzzle 42

```
y a p p l y e t o g
e o t n o l w g n p
a g l o m a i n c h
h e a r u e l k a c
n y g u a r d u s d
y m e n a e e t t s
t e o n e c u o m c
a n g f r c s o o d
e e c o k u s r d f
h t f c e m i k e s
```

feed
mike
stuck
enemy
issue
tour
onto
cast
skill
mode
root
inch
wild
force
none
range
apply
heat
guard
yeah

Puzzle 43

```
t n a w e r d l n c
l e e d r r y s d c
d n t n o t e d n n
c e y a i p r g u e
a e l g t l t u o a
l d l e k s i d s r
m s u b s h c e t t
a n f l u i t g r r
i e d d t h r a e n
n r d d r i u a t o
```

calm
line
want
disk
began
main
fully
noted
adopt
adult
aged
drew
trust
tech
near
needs
arise
state
roger
sound

Puzzle 44

```
h h f a o t p o r d
f a i r y l c h e q
e r l l g l t m u o
p m e f e r b e d h
y m h v b a e t n g
t o w n o n d a u m
v v t l o c o l t n
t i g h t u o y a o
e e p o h s g l y y
w p y t e o a r o t
```

debt
town
movie
lead
good
tight
phone
harm
great
queen
youth
booth
metal
type
half
drop
cover
fair
shop
undue

```
g l r m n l p r e e
l r i g h e l a r t
r j e r v t g e i r
r e l a y e r l h r
c e g d r s b o c s
t a i e y s u y t e
s a r m r a f b a s
o a m i n d l r m m
c t h u s j o i n u
s l i i l k w a a j
```

maybe
pair
gave
hell
layer
busy
asset
flow
hire
care
cost
grade
rear
join
mind
match
risk
eager
farm
thus

Puzzle 46

```
l d c f h h i t a l
o e l a c s a o n n
o m a a e e f i w r
k i i r t w a k d s
n d m o n e y c p d
l o r a e s r o h o
a b o t h d k l e y
e l a m r e c b a d
y l l a f a a p d r
r a w i n d j d c k
```

spoke
dead
head
horse
each
later
look
jack
scale
claim
both
ward
wind
learn
block
moon
ahead
fall
money
wife

```
t v o u o r k w a n
f a c t m p t o t c
e l e v e r y r o m
i u o r i h o m a b
a e o a t c e j e p
i o l e i t o t a l
m w y w o i t a r m
e a i a s p e n t e
a l n d t a t a h c
l k g m e o t s a a
```

part
earth
spent
wide
total
ratio
room
chat
pitch
major
every
walk
book
fact
trial
lying
come
treat
value
will

Puzzle 48

```
m y t g t w w a r p
p u n s s o b e h p
b i r t h e n c e h
r n e v i g b k l k
h a p p y h u b d d
m e p o h d i o i r
s k u t l f l a t a
o f a t i d t o i c
n e r r t i l r c o
g c m t i d n b f l
```

week
flat
hope
card
boss
held
told
firm
steam
cold
birth
happy
upper
duke
ring
given
hence
tough
song
built

```
l h c u m s a t i a
o s l a a l p l s l
f u u l a e b a n k
c l b n p p p l c r
f r e e i a i b m e
l h i s r t r a c k
t e n t n a l p e a
r l g u n e m a r f
e a s d o a s i d e
a t b f n y a a a i
```

aside
plant
easy
sense
club
male
tape
free
brand
apart
bank
unit
frame
track
being
much
also
until
space
then

Puzzle 50

```
e i d n u o p l i e
c t e c a l i f s t
e v i l a g r e e r
f r o n t r a h c g
f f e f r l e s r o
a r i t a a l o e n
t h e r d e w t w e
s a m r e l i t e r
r v l p r a e d e a
g e i o e t f i a s
```

alive
tale
front
plane
chart
agree
crew
fire
calif
grow
gone
staff
trade
have
shift
dear
elite
alarm
sleep
pound

grace
point
click
coast
spend
bush
rose
this
count
sale
brown
text
tune
plate
move
alter
jump
used
hall
ship

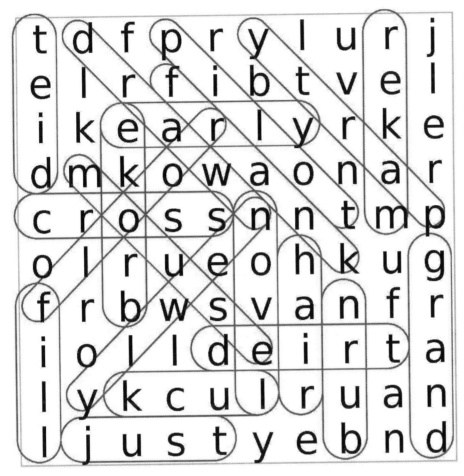

hair
early
drawn
floor
luck
broke
pilot
frank
mouse
newly
burn
fill
novel
cross
tried
just
diet
maker
party
grand

a a d w g n n p r h
e p o o l m d d c y
i l t k o e n t k a
b y y i k r a c i r
f l n i e c i v r g
u l n p y t p m e y
v g u o s p y n a m
e s f i e l o v d r
h t p e d l e i y a
e y k r a v i c e h

keep
pool
empty
stick
alone
ready
leave
yield
many
fluid
blow
king
gray
door
super
vice
army
catch
depth
funny

Puzzle 4

```
l n u g e b k o a e
e s m a r t e x a s
t r p h t a d y s u
o n n l d k n i c k
l y e s a e m t r o
p n n w d n h h a o
a o a h o g o g f t
w i x o i u n i t y
y s n l s g l m i t
r e f e r s i d i p
```

plan
deny
whole
ease
house
might
refer
grant
light
taken
texas
smart
unity
took
went
plot
craft
would
begun
miss

Puzzle 5

l y t r o f w v l u
i o l c o p y n o t
a c t i r v m r c s
m s d r a o b a k p
u r w e g d w c i t
f m h e e p u n o l
y e n l n r a r e e
a r i a t o b u f f
r f e s t u f f a a
b m a t t d n i l b

heavy
file
mean
copy
news
board
rare
breed
proud
agent
lock
blind
crown
truck
tony
stuff
matt
daily
forty
mail

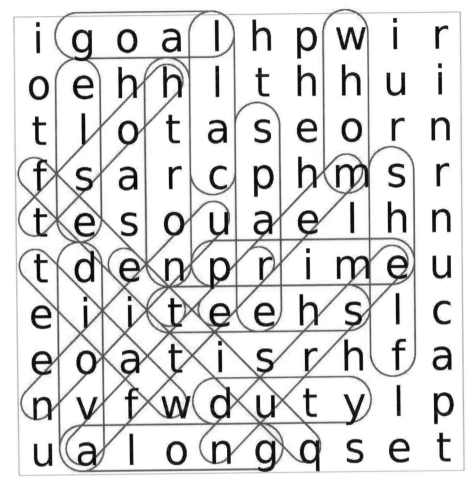

i g o a l h p w i r r
o e h h l t h h u i
t l o t a s e o r n
f s a r c p h m s r
t e s o u a e l h n
t d e n p r i m e u
e i i t e e h s l c
e o a t i s r h f a
n v f w d u t y l p
u a l o n g q s e t

mere
duty
feet
call
goal
along
quite
whom
else
nurse
prime
wait
host
avoid
union
sheet
after
north
shelf
spare

Puzzle 7

```
p t p u o r g a w r
c r o w d e c n o o
p t w n i y b b l t
o i e l g n a m l r
b l r c t m s l a t
a p d t h g i r p p
l s a o s e c n m o
w a t v o i c e u t
o a e t i m s k s s
b d c p r e a s t r
```

right
minus
mood
must
stop
basic
Angle
strip
once
power
check
east
crowd
group
play
bowl
date
voice
split
allow

d j t f i t e m f s
s d h d l l d o n e
m e e q u a l h i r
t a i d e k s f h e
l l r r k e s h t o
i t b c t r e e t h
u e a a h n l s u j
n b o m o r k i u n
e l r z l b e r o i
k r h o d l y c r s

their
back
tree
less
rise
equal
tries
flash
zone
hold
lake
item
done
jury
ideal
thin
dealt
bread
march
soil

Puzzle 9

o d p a i n t i u s
i i s y i h u g e y
e c t e a e h i l r
k k i n d o v e r s
p e k t i s r m p r
b e u a y e e o n t
r h e e n v t s a p
s i r n e d i a t
g g i e c n i a r b
s k w e b a m r a w

kind
city
paint
bases
grey
some
brain
over
past
thank
huge
seven
spot
dick
wire
suit
write
warm
rely
shut

Puzzle 10

```
c f e k a m n t e d
g d u e p b m i x e e
e l d l p h o t o e e
g i n a l y d u t s s
e i t c e v e n t n
v p a k x r l h h x
o h i n n e r e g t a
l a c u t e d m i a
p s p o w e u n e a
a e n s b e d a i i
```

read
threw
note
event
full
about
model
inner
apple
index
lack
love
make
acute
photo
study
eight
phase
seed
giant

Puzzle 11

d g l e b s r b k a
d r e s s o l d t a i
l o c a l p r s n i n
e e i u p s e t i e f
i d o n c w n a c f
f a e g g o j m k o
i m y x n a o l n b
i c h a i r y l e a
m d d i r m g i w b
e h t a b k n t s y

nick
local
doing
loss
knew
west
bring
upset
speak
made
enjoy
bath
cool
baby
chair
mixed
dress
loan
till
field

Puzzle 12

c l p l d w i n y n
e d b o a b o d y e
o e w r o t e r n f
b o c c u r e n d e
e e e p i e c e c i
a a l t j o o l t h
n s b l a p a l c c
g i a i n o d e p h
i o c v e l b w h i
s m r e t l n c o i

able
poor
bell
body
wrote
word
bench
boat
ocean
sign
jane
occur
live
tired
term
piece
well
chief
poll
nice

d j e h l a n e c k
n t h e r e i c s r
i a t c z d k c i p
g u i o c j o c m u
h s d d a p h u i p
t c u p e o p d g l
r a a g s m o o b u
e n h e a u m c z g
n n e w b r a i l e
d p h t a n m h u s

beach
audit
what
rich
lane
boom
japan
night
plug
chose
dozen
trend
media
sugar
pick
there
neck
rail
scope
doubt

Puzzle 14

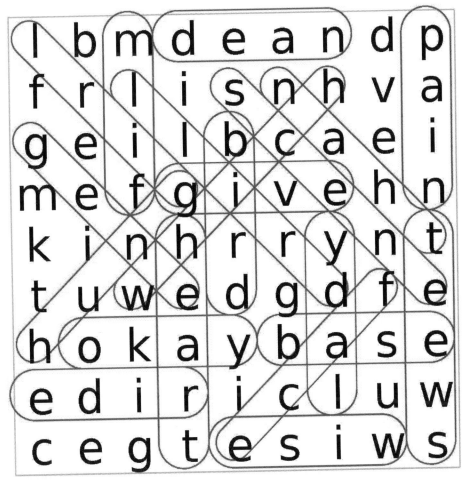

l b m d e a n d p
f r l i s n h v a
g e i l b c a e i
m e f g i v e h n
k i n h r r y n t
t u w e d g d f e
h o k a y b a s e
e d i r i c l u w
c e g t e s i w s

okay
which
give
hung
bird
base
film
scene
girl
drill
face
gene
sweet
than
lady
dean
heart
pain
ride
wise

Puzzle 15

```
e o e c t e s h r k y
p k r y e r e h g s e
e o q c s l l m s e s
p f u l p i u a a i k
e t i e c i r p e n w
a e c t t g s p m y r
c n k u n h r a r g r
e e e o a w g r e u t
n k r r m e o e t c l
e w p q a s r d o p e
s c r r n p a g e l f
```

rule
arena
route
smoke
name
price
gear
quick
help
sharp
here
sorry
wish
often
felt
peace
cycle
grass
wrong
down

Puzzle 16

```
h n i a h c a r r y
u y y e b i p e d l
r l e g a l e a l t
t o d u a b t a c r
o h a i m a b o v e
u b a d a o t i u h
n g e e o p r i n t
h o r u n u u a o o
o h s o s r o u l n
j o c e u o c r a p
```

data
chain
john
virus
beer
moral
road
paid
legal
holy
carry
ball
court
nose
pace
guide
print
other
above
hurt

r u t s a f t o o g
u t h e s e v i l v
h r g u r h f g n f
g o i l a y o r s y
s m f c t f e c o r
e a u t e t m h k m
o r k l n h e c t f
h k r e c g h r n t
t f v u r u t o o r
v e s f o o d p n m

fast
they
from
royal
food
rate
shock
enter
sake
ought
fuel
theme
these
fight
crop
tiny
lives
Mark
rice
even

Puzzle 18

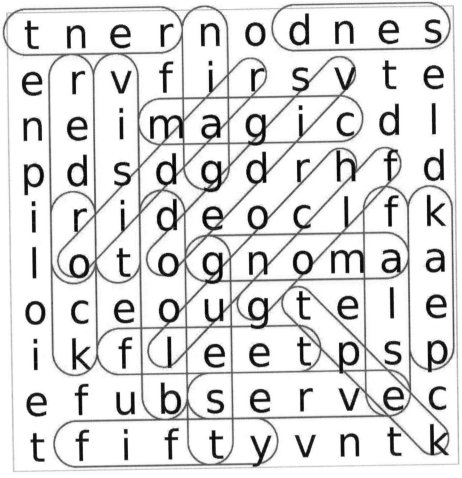

t n e r n o d n e s
e r v f i r s v t e
n e i m a g i c d l
p d s d g d r h f d
i r i d e o c l f k
l o t o g n o m a a
o c e o u g t e l e
i k f l e e t p s p
e f u b s e r v e c
t f i f t y v n t k

rock
blood
fleet
video
kept
lunch
Golf
among
magic
send
radio
guest
serve
order
FALSE
peak
rent
gain
fifty
visit

Puzzle 19

```
m i l l p l e k a t
c a b l e s a h c l
r s r e b i f o t l
s n h i s x s t o a
p w l s a t p e r w
x o i s s y o l n w
t h v e r r r n n l
h s e r f o t l e e
i o a p i p e r o o
l e m v t r i p r p
```

wheel
fiber
sixty
maria
mill
chase
take
evil
stone
vast
shown
fresh
sport
cable
actor
hotel
pipe
wall
press
trip

Puzzle 20

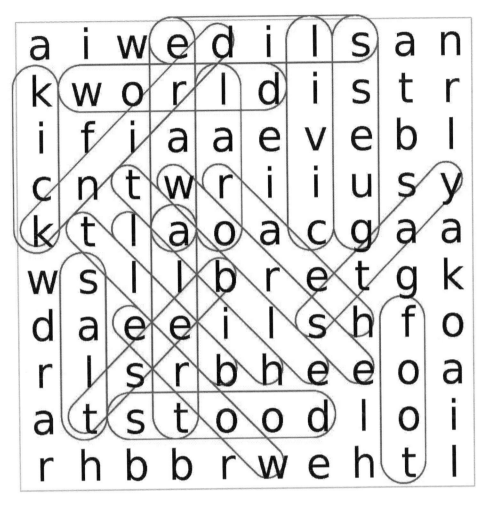

oral
guess
slide
drink
aware
best
salt
world
civil
belt
stay
kick
wore
table
foot
hear
worse
alert
hill
stood

Puzzle 21

e p e h s n n r h r
t o h b r v e r y y
s s h h t l c k u h
e t a l o h c u o t
c o r l n l b s e i
i c y o e r e s t a
a k r r i a a w i f
s o l e t r i h s r
i e f e a n e e b b
o t c r i m e s o r

faith
sole
turn
roll
crime
late
post
cream
been
entry
twin
stock
seat
touch
very
site
shirt
hole
tone
brief

Puzzle 22

o l e v i f r n n n
p e t h e m u r o t
e w s w y s s i p k
n i a i r j s w n c
t s t a g e h a i o
s d c r n h b r l l
n i b o a r t d t c
d a j n u e d s e l
v k n o w l f t n t
i l f p r i d e h t

stage
draw
five
sight
acid
jones
could
lewis
four
urban
angry
them
class
know
fear
noise
taste
open
pride
clock

Puzzle 23

a g d e t a g a o w
g o n f h c h h o m
f i h u r t a x e s
f n w a o u e l s e
g g s o w y r l a g
a h h o m e n a e a
s s r r e e m m l m
e e o b o r n s a i
h n a v y o f y i l
e l h l l e f h d k

dial
born
small
rural
milk
lease
taxes
throw
young
roof
crash
image
home
hero
navy
going
gate
fell
shoot
women

```
k s a e l r d f e t
d w t f o s u u l f
v k n a r m h n a d
e y h t r o w d e l
t r h v e t w v d l
t h u n t o o d s r
o t u s e r m h p r
l i a r p l a c e r
h w r l n l n i o r
i b a d l y a u n h
```

place
train
hunt
rank
user
prove
woman
peter
shall
with
motor
deal
worth
start
badly
tall
soft
sure
dual
fund

Puzzle 25

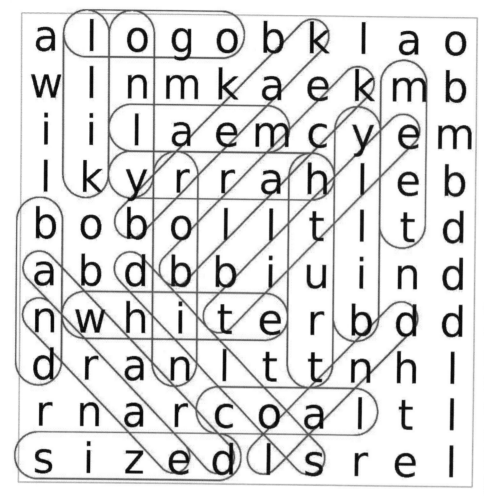

a	l	o	g	o	b	k	l	a	o
w	l	n	m	k	a	e	k	m	b
i	i	l	a	e	m	c	y	e	m
l	k	y	r	r	a	h	l	e	b
b	o	b	o	l	l	t	l	t	d
a	b	d	b	b	i	u	i	n	d
n	w	h	i	t	e	r	b	d	d
d	r	a	n	l	t	t	n	h	l
r	n	a	r	c	o	a	l	t	l
s	i	z	e	d	l	s	r	e	l

white
robin
band
solid
black
harry
award
coal
only
sized
land
earn
logo
truth
title
meet
kill
billy
meal
break

Puzzle 26

Puzzle 26

```
n i m d d t e c r r
s o o n h f m a u t
n l u i i t l s b s
l o n f n r i l a h
w k t k r n u m e h
g h s g p e e s s c
h o r u n a p t l h
g h t r o f r a s i
n e e d n e e k p g
h o g m o r e e k h
```

keen
real
wound
mount
blue
drug
need
paper
high
think
fifth
smith
more
input
same
cell
find
stake
soon
forth

o g n i h t u o s o
v l a r g u e e s d
h o e c n f t e t h
i s l e w p n o y m
t n c o r a d s l k
s v r o m a n e e l
e s o u y w e e e a
t f h t x i s m f i
l n w h e n n t t d
l a l a c e f h t n

south
roman
vote
human
rest
when
seek
toll
feel
worst
laid
proof
seem
sixth
today
thing
clean
argue
style
wine

Puzzle 28

s b p r r m a s e s
a p w l t l u e z d
s t g g e a d p i u
d e s r a p i d s s
i i o o e m o u t t
a c o w u w a t e r
s h i n a l h r u
p e a p b y r o d g
e a w u o y s h s s
l p m a d t s i x e

exist
dust
topic
album
ways
whose
water
drama
cheap
usual
terry
palm
size
rapid
audio
grown
grew
soul
score
said

l g d w i s h l v c
m i o h a i k i o u
t s e d i s t i a t
d l o s u i t e n d
t t n s h e v e i c
t h f g m o k t h o
u t s i r i t i c d
i a e d l o l m l e
m p f a g d s e n s
h j i m m y d s i n

shot
code
jimmy
times
team
lift
gross
child
smile
side
path
like
drove
suite
sold
skin
alike
china
tend
waste

Puzzle 30

u p b l a m e e n k
m u a c i g o l s w
f s s l n n r u t a
t h i i h l e e t s
c t y n o t s s v h
f d l o c r a u a m
u t s s f e l c r s
l e i n l d o o y l
o d t x e n f f g s
d f g s s u h o r f

last
logic
mouth
blame
least
focus
under
steel
wash
disc
next
dying
since
loose
self
knee
laser
form
push
vary

Puzzle 31

```
k s r v c u h w r d
h a r d b i o h a e
k l a t l u s i c k
w w h r u o y l m s
n d n a s r g e t d
t h r s h o g t r c
s s b a o c l e a o
h a t e w u a v t p
r c t a a m s e e e
o h h f r r s a r o
```

reach
glass
bear
sick
your
gold
solve
dream
hard
buyer
show
hate
dawn
fault
while
talk
cash
sand
star
cope

Puzzle 32

p	o	h	o	f	f	e	r	t	e
a	a	w	e	r	g	a	o	a	a
c	l	e	a	r	y	a	r	d	c
k	l	e	a	t	y	r	r	o	w
r	y	l	v	s	c	t	e	r	s
a	h	o	e	e	l	h	v	a	h
p	f	r	r	m	l	e	e	a	o
a	a	u	h	s	i	f	k	s	r
t	w	t	f	i	a	t	h	a	t
f	t	h	e	g	f	h	h	h	a

that
yard
clear
watch
large
offer
theft
year
chest
worry
level
short
pack
fish
fail
park
time
role
error
ruth

curve
third
green
drive
fine
pink
thick
below
gulf
fate
sell
label
save
idea
still
wake
dark
truly
rain
music

h p e e d e d e l a y t
a m f t s o o b s p
p l a i n h c c h e
b e a m r a a p c s
c r f i t s e r a u
p e o l e w t j e c
o l r a d m i t t h
f i u l d e n n p e
a m m s g a s a g r
a t y a a e o k t l

boost
raise
first
desk
jean
share
wing
plus
mile
plain
case
such
limit
broad
sept
admit
teach
forum
delay
deep

Puzzle 35

```
e e e a u e e o s s
p f u v j f s l y i
i i s c a u o a b o
c l e f t w d o o w
n a i v i e w g n l
a n m s i s a b e o
w i o p e t t n v e
a f p p a r a o e f
l l e a u p d l r a
w s s e c a r w a y
```

never
left
upon
camp
judge
story
TRUE
race
bone
final
dose
wood
panel
life
slow
view
basis
wave
days
vital

Puzzle 36

c o m f a h e s e m
i o y h o r o m s a
e m a y o r e s a e
e e r c t u d v f g
m a r u h l r l e i
l n a g s l i n k e
d t u o o h i s c t
i o e s y n l m r e
r a e l a e e o r g
m l e s l i p s f s

ford
mayor
CORE
meant
does
coach
lose
rough
array
tell
hour
game
sort
ever
nine
rush
slip
safe
link
port

Puzzle 37

```
o o a t x w k e s h
t m e d h b k o o c
n m r t n a e l q z
i o r e m a n a u d
l o e c i w t g i b
r s g l t s f s e g
b t n o e x a c t o
e t a s k p r i z e
t s h e l l d n e s
b a c b m o b k o l
```

twice
close
seen
task
draft
exact
anger
kent
goes
meat
bomb
hang
bulk
cook
into
shell
lord
quiet
stand
prize

l o s t e m u w t r
e t o a i e o w w d
d i e t d n r o a t
e a k a s u r e e i
a p n o r k a e w l
t c a c n d n r r w
h t t h e i t i f c
h s s b s e g v l h
d e u s t o r e z i
e t r o f k w r b p

weak
menu
death
test
fort
links
coat
chip
river
dance
shape
debut
store
tank
lost
zero
begin
fraud
were
work

Puzzle 39

t t o e t a e g e e e
h e m d a t e d a r
l e s u b a k e r u
t t n u p g r x a p
a h i r l a a i o u
t l r a y i s f s l
d a l e t n e s b c
a c a m e g a p o r
l o o t l m a a n
g r o m l a a c d n

pass
abuse
henry
came
baker
page
glad
mass
teeth
fixed
again
area
pure
tool
pull
bond
dated
build
three
sent

Puzzle 40

round
long
wear
globe
extra
edge
rival
beat
away
load
laugh
found
hand
tower
lucky
joint
bound
snow
exit
storm

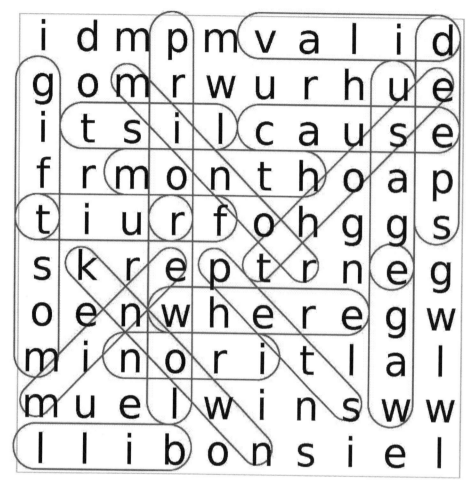

prior
gift
month
most
cause
wage
speed
step
valid
iron
minor
lower
those
list
where
fruit
usage
known
bill
mine

Puzzle 42

```
y a p p l y e t o g
e o t n o l w g n p
a g l o m a i n c h
h e a r u e l k a c
n y g u a r d u s d
y m e n a e e t t s
t e o n e c u o m c
a n g f r c s o o d
e e c o k u s r d f
h t f c e m i k e s
```

feed
mike
stuck
enemy
issue
tour
onto
cast
skill
mode
root
inch
wild
force
none
range
apply
heat
guard
yeah

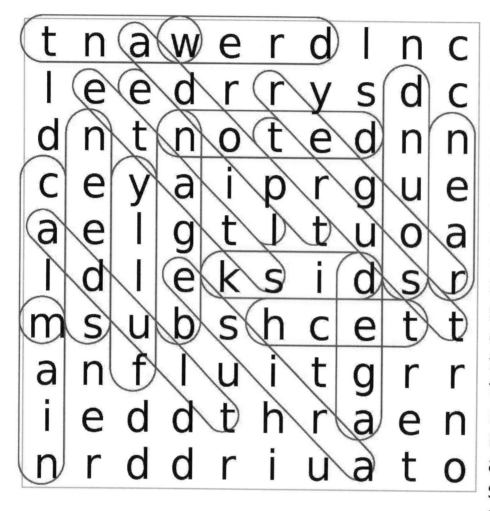

t n a w e r d l n c
l e e d r r y s d c
d n t n o t e d n n
c e y a i p r g u e
a l l g t l t u o a
l d l e k s i d s r
m s u b s h c e t t
a n f l u i t g r r
i e d d t h r a e n
n r d d r i u a t o

calm
line
want
disk
began
main
fully
noted
adopt
adult
aged
drew
trust
tech
near
needs
arise
state
roger
sound

h h f a o t p o r d
f a i r y l c h e q
e r l l g l t m u o
p m e f e r b e d h
y m h v b a e t n g
t o w n o n d a u m
v v t l o c o l t n
t i g h t u o y a o
e e p o h s g l y y
w p y t e o a r o t

debt
town
movie
lead
good
tight
phone
harm
great
queen
youth
booth
metal
type
half
drop
cover
fair
shop
undue

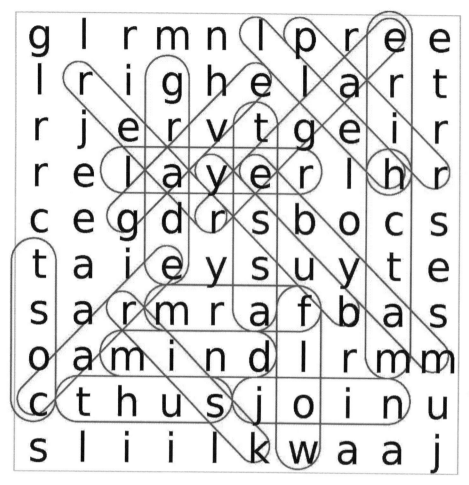

g l r m n l p r e e e

l r i g h e l a r t r

r j e r v t g e i r r

r e l a y e r l h r

c e g d r s b o c s

t a i e y s u y t e

s a r m r a f b a s

o a m i n d l r m m

c t h u s j o i n u

s l i i l k w a a j

maybe
pair
gave
hell
layer
busy
asset
flow
hire
care
cost
grade
rear
join
mind
match
risk
eager
farm
thus

Puzzle 46

l d c f h h i t a l
o e l a c s a o n n
o m a a e e f i w r
k i i r t w a k d s
n d m o n e y c p d
l o r a e s r o h o
a b o t h d k l e y
e l a m r e c b a d
y l l a f a a p d r
r a w i n d j d c k

spoke
dead
head
horse
each
later
look
jack
scale
claim
both
ward
wind
learn
block
moon
ahead
fall
money
wife

Puzzle 47

part
earth
spent
wide
total
ratio
room
chat
pitch
major
every
walk
book
fact
trial
lying
come
treat
value
will

100

Puzzle 48

```
m y t g t w w a r p
p u n s s o b e h p
b i r t h e n c e h
r n e v i g b k l k
h a p p y h u b d d
m e p o h d i o i r
s k u t l f l a t a
o f a t i d t o i c
n e r r t i l r c o
g c m t i d n b f l
```

week
flat
hope
card
boss
held
told
firm
steam
cold
birth
happy
upper
duke
ring
given
hence
tough
song
built

Puzzle 49

l h c u m s a t i a
o s l a a l p l s l
f u u l a e b a n k
c l b n p p p l c r
f r e e i a i b m e
l h i s r t r a c k
t e n t n a l p e a
r l g u n e m a r f
e a s d o a s i d e
a t b f n y a a a i

aside
plant
easy
sense
club
male
tape
free
brand
apart
bank
unit
frame
track
being
much
also
until
space
then

Puzzle 50

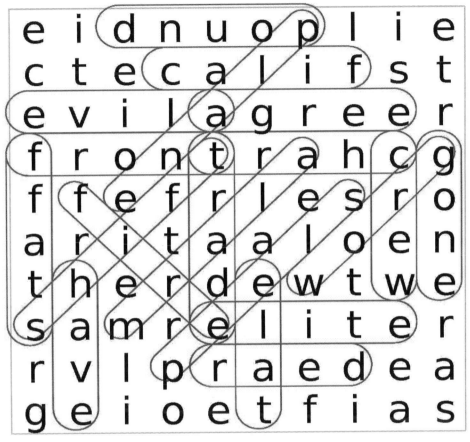

```
e i d n u o p l i e
c t e c a l i f s t
e v i l a g r e e r
f r o n t r a h c g
f f e f r l e s r o
a r i t a a l o e n
t h e r d e w t w e
s a m r e l i t e r
r v l p r a e d e a
g e i o e t f i a s
```

alive
tale
front
plane
chart
agree
crew
fire
calif
grow
gone
staff
trade
have
shift
dear
elite
alarm
sleep
pound

Thank you so much for using this book.